MORT

DE

JACQUES LAVERNE,

Ancien Maire de Dijon.

Anecdote historique, lue à la séance publique de l'Académie de cette ville, le 8 avril 1813;

PAR M. BAUDOT AÎNÉ.

PARIS,

DE L'IMPRIMERIE DE J. B. SAJOU,

Rue de la Harpe, n.° 11.

1814.

Extrait du Magasin Encyclopédique , Numéro
de Janvier 1814.

MORT

DE JACQUES LAVERNE,

*Ancien Maire de Dijon. Anecdote historique,
lue à la séance publique de l'Académie de
cette ville, le 8 avril 1813 (1).*

LES maires de Dijon ont exercé, pendant
deux siécles et demi, le droit de faire frapper des jetons, d'abord pour fixer l'époque
de leur magistrature, et ensuite pour faire
connoître les années triénnales de l'assemblée
des états-généraux de la province de Bourgogne, qui étoit alors composée de trois
ordres, dont l'un avoit pour *président né*
le maire de Dijon. Ces jetons, qui étoient
le plus souvent de cuivre, se sont extrême-
ment multipliés : on en voyoit partout
autrefois : et depuis l'époque de 1787, où
l'on a cessé d'en faire, il en a été dispersé,
égaré, ou détruit une si grande abondance,
qu'on n'en trouve plus guères que dans les
cabinets de quelques amateurs, ou dans les
mobiliers des personnes attachées à l'ancien
usage de faire leurs comptes avec des je-

____

(1) Depuis la lecture, il a été fait plusieurs chan-
gemens à ce morceau.

tons. Ces pièces s'écoulent insensiblement chez les fondeurs : ensorte que bientôt on ne verra plus que celles que le hasard fait retrouver dans les fouilles ou dans les décombres de quelques maisons de la ville. Ces sortes de découvertes paroissent présenter assez peu d'intérêt, parce que les pièces dont il s'agit ne portent que des noms ou des blasons tout-à-fait inconnus et oubliés. Il en résulte que nos jetons les plus anciens sont les plus rares, et c'est peut-être par cette raison-là que le public a été instruit, dans le cours de 1811, de la découverte de quelques pièces au nombre desquelles on remarquoit un jeton dijonnois de l'année 1590.

La plupart des personnes qui ont lu la description de ce chétif jeton de cuivre, y ont sans doute fait peu d'attention. Cependant il rappelle à la mémoire l'époque la plus intéressante, sans contredit, de l'ancienne histoire municipale de la ville de Dijon. On y voit un écusson formé, comme s'expriment les héraldistes, dans leur style barbare mais énergique, *d'azur à trois demi-vols d'or, mouvans de l'abime chargé en cœur d'une rose de gueule*, c'est-à-dire en français moderne : trois ailes sortant d'une rose sur un fond bleu. Ces armoiries étoient celles d'un maire de Dijon nommé

Jacques Laverné, seigneur d'Athée, qui, en 1590, le 20 juin, fut élu maire pour la troisième fois. Il avoit été promu à cette magistrature, d'abord le 20 juin 1587, puis continué le 21 juin 1588. Il avoit ensuite été choisi, le 10 janvier 1590, pour suppléer Pierre Michel qui étoit malade et mourut peu de temps après. Elu de nouveau le 20 juin de la même année, il fut maintenu dans les mêmes fonctions en 1591, et ensuite réélu en 1593 toujours à la date du 21 juin.

On se tromperoit si l'on vouloit supposer que ces élections qui avoient si constamment pour objet la même personne, étoient l'expression libre du vœu du peuple, qui jouissoit alors du droit de nommer son chef municipal. Il paroît que l'intrigue exerçoit dans cette occasion importante la plus forte influence. Nous voyons que le parlement de Dijon fut obligé de défendre *les brigues et monopoles qu'on mettoit en œuvre pour l'élection du maire :* c'est l'objet d'un arrêt du 18 juin 1591, qui ordonna même *qu'il seroit fait information à ce sujet :* et comme Jacques Laverne, qui avoit apparemment de la disposition à s'emparer de toutes les espèces d'autorité ou d'influence, s'étoit fait nommer *garde évangile,* quoiqu'il fût maire en fonctions, le parlement avoit cru nécessaire de rendre arrêt, le 14 du même mois, afin de faire cesser cet abus, tant pour la circonstance dont il étoit question, que pour l'avenir. Les mêmes dispositions du parlement au sujet du tumulte de l'élection du maire et *des brigues,* etc., avoient été faites en 1571, 1572, 1573, 1574, 1584, 1587, etc. Il fallut les renouveller en 1592, 1598, 1606, 8, 10, 12, 14, etc.

On voit que Jacques Laverne fut maire de Dijon pendant presque tout le temps déplorable où les Dijonnois, partagés d'opinion, gémissoient sous le joug du duc de Mayenne qui comptoit parmi eux un très-grand nombre de serviteurs fidèles. Charles de Lorraine, duc de Mayenne, étoit depuis l'an 1573 gouverneur de Bourgogne. C'est en cette qualité qu'il avoit fait sa première entrée à Dijon au mois de juillet de l'année suivante : il étoit alors âgé de vingt-deux ans. Frère du fameux duc de Guise, dit le Balafré, qui avoit joué un si grand rôle pendant les règnes orageux de Charles IX et de Henri III, il n'est pas étonnant que son parti ait eu beaucoup de force dans un pays où son influence avoit dû être considérable sur la nomination de tous les fonctionnaires qui dépendoient du gouvernement. Le maire Jacques Laverne étoit un des plus zélés défenseurs du parti de la

ligue, dont le duc de Mayenne étoit le chef :
et, comme ce magistrat étoit d'un caractère
violent, il agissoit souvent avec sévérité, pour
contenir les individus qui, au fond du cœur,
désiroient le retour de l'ordre et l'arrivée
du roi Henri IV. On savoit que les affaires
de ce prince prospéroient successivement,
tandis que celles de la ligue ne se mainte-
noient que par des moyens dont la rigueur,
toujours croissante, décéloit aux esprits clair-
voyans la prochaine décadence d'une faction réduite à les employer.

Cet état d'incertitude dut occasionner des
disputes vives et fréquentes non - seulement
entre les ligueurs et les royalistes, mais encore entre des personnes attachées à la même
cause : nos mémoires manuscrits nous ont
conservé le souvenir de celle qui eut lieu
le premier octobre 1591, et qui finit par
une catastrophe cruelle dont peu de Dijonnois de nos jours connoissent les circonstances.

Le sieur Edme Chantepinot, avocat du
roi au bailliage, passoit pour être un des
partisans les plus actifs du duc de Mayenne
et du parti de la ligue. Il s'éleva entre lui
et le maire Laverne une dispute si violente
qu'ils en vinrent aux mains, dit-on, en
pleine rue, en présence de quelques personnes considérables dont l'histoire a con-

servé les noms. Pepin, chanoine de la sainte-chapelle, et grand ligueur, dit dans son *Journal*, que Chantepinot frappa le maire au visage. Quoi qu'il en soit de ce fait, qui peut avoir été exagéré par un écrivain très-passionné, le sieur Chantepinot fut arrêté et conduit à l'hôtel de ville, puis condamné sur le champ à être pendu. Cette condamnation, dictée par la vengeance, pouvoit n'avoir point d'effet, parce que l'exécuteur demanda qu'on lui fît lecture de la sentence, et résista aux sollicitations que lui firent à ce sujet les affidés du maire, en déclarant qu'il n'avoit pas coutume d'exécuter une personne, sans cette formalité, *en quoi*, disent nos Mémoires, *il montra plus de jugement que ceux qui l'invitoient à ce faire.* Mais, malheureusement pour le sieur Chantepinot, un jeune avocat, lieutenant du maire, eut la lâcheté de prononcer, et de revêtir des formes qu'on suivoit dans ce temps-là, la fatale sentence qui fut exécutée.

Le maire Laverne, qui faisoit toujours insérer dans les régistres de la ville les jugemens rendus contre des personnes accusées de trahison ou d'autres délits publics du ressort de la police municipale qu'il exerçoit très-durement, n'eut garde de permettre que l'on transcrivît dans ces régistres la sentence barbare qu'il avoit rendue contre l'a-

vocat du roi Chantepinot. Il eut soin seulement de faire procéder à une information
des outrages qu'il prétendoit en avoir reçus,
et nous voyons que cette information en
étoit encore au premier pas plus de six mois
après la condamnation et l'exécution du
prévenu : étrange manière de procéder, dont
il ne faut chercher des exemples, qu'aux
époques funestes où le fanatisme politique
prend la place de l'autorité des lois, et où le
glaive de la justice n'est dirigé que par une
fureur aveugle, ou par les vengeances person-
nelles. C'est dans ces terribles circonstances que
la fortune est sujette aux vicissitudes les plus
incroyables : elle abandonne quelquefois tout-
à-coup ceux qui avoient été comblés de ses
faveurs : c'est une vérité dont le maire
Jacques Laverne fournit un exemple égale-
ment frappant et déplorable.

Ce maire appartenoit à une famille dont
la noblesse ne remontoit pas bien haut, à la
vérité, puisqu'elle résultoit de la charge de
secrétaire du roi en la grande chancellerie
de France, possédée par un Sébastien Laverne
mort en 1520. Mais plusieurs personnes de
cette famille avoient occupé des places très-
distinguées dans la ville de Dijon. On voyoit,
à l'église S. Michel de cette ville, une chapelle décorée de vitraux peints, chargés des
armoiries des Laverne, et ornée de peintures

et de sculptures d'un grand prix : c'étoit la sépulture de cette maison qui étoit apparemment très-riche. Un Bénigne Laverne avoit été fait président au parlement, en récompense de ses services, en 1577 : un autre Bénigne fut conseiller au même parlement et seigneur en partie de la terre d'Athée dont Jacques Laverne possédoit l'autre partie. Le duc de Mayenne accorda à ce dernier, en 1590, des lettres de confirmation de noblesse, qui furent enregistrées au parlement. Il avoit plusieurs fils qui sembloient devoir hériter de la considération dont cette famille jouissoit dans sa patrie : l'un d'eux nommé Chrétien Laverne fut reçu en la même année 1590, conseil de la ville en survivance de son père, puis lieutenant de maire le 28 juin 1593.

L'ambition de Jacques Laverne causa sa perte. Les fautes graves qu'il commit, en suivant les impulsions d'un caractère trop exalté, dans des circonstances délicates où la prudence doit être la première règle de conduite pour ceux qui sont investis du pouvoir, multiplièrent le nombre des ennemis puissans que son opinion politique avoit suscités contre lui. Il avoit été sévère à l'égard de plusieurs personnes de sa propre famille : il fut barbare envers le sieur Chantepinot : et cette dernière action surtout acheva de lui faire perdre l'estime de tous les Dijonnois dont l'esprit de faction n'avoit pas tout-à-fait corrompu les principes. Ce trait fut rappelé au parlement, lorsque le maire se présenta pour remplir une charge de conseiller, suivant les lettres qu'il en avoit obtenues du duc de Mayenne. Les magistrats observèrent qu'avant de siéger parmi eux, M. Laverne devoit se justifier d'une action contraire à toutes les règles, et qui avoit imprimé sur lui une tache que trois années d'intervalle n'avoient pu effacer. Ces observations furent même consignées dans les régistres du parlement. Ce fut envain que le prince de Mayenne osa (1) menacer le président de Montholon des suites d'une effervescence populaire, si cette compagnie vouloit faire des recherches au sujet de la mort de M. Chantepinot et des autres actes de la mairie de Jacques Laverne. Les magistrats firent des réponses fermes, et Laverne ne fut pas reçu. Les personnes clairvoyantes pouvoient reconnoître que l'opinion publique punissoit déja l'auteur du meurtre de l'avocat Chantepinot, en attendant que quelques circonstances qu'il étoit difficile de prévoir, vinssent consommer enfin une vengeance dont la catastrophe étoit peut-être désirée en secret par la plupart des habitans de Dijon.

(1) Le 7 août 1594.

Ces circonstances se présentèrent vers la fin de l'année 1594. Jacques Laverne eut pour successeur dans la place de maire, Réné Fleutelot, élu le 21 juin de cette année. Alors les affaires du duc de Mayenne continuoient de s'affoiblir par des revers dont tout le monde étoit instruit. Le peuple, fatigué d'une guerre longue dont l'issue ne présentoit rien de favorable, désiroit un changement; et plusieurs même s'en expliquoient déja avec assez de hardiesse. Laverne, piqué du refus mortifiant, qu'il éprouvoit au parlement, et jugeant sans doute que le moment étoit favorable, pour faire oublier par quelqu'action éclatante les traits plus ou moins violens qui avoient servi de motifs, ou de prétexte à ce refus, conçut le projet de livrer la ville à M. de Vaugrenant, qui commandoit pour le roi Henri IV, à Saint-Jean-de-Losne, d'où il faisoit souvent des incursions jusques sous les murs de Dijon. Mais ce projet, qui devoit éclater le 22 du mois d'août (1), fut découvert par l'indiscrétion ou la timidité de quelques-uns des conjurés. Le duc de Mayenne en fut instruit : il ordonna que les chefs de cette entreprise fussent jugés sur le champ. En conséquence

______

(1) Et non pas *le 24 juillet*, comme nos Mémoires l'ont dit mal-à-propos.

les sieurs Jacques Laverne, ancien maire, Claude Gautt, capitaine, un avocat nommé Jean Levisey, et plusieurs autres, furent mis en jugement devant un tribunal composé des officiers municipaux assistés de gradués. Le 22 septembre, les sieurs Laverne et Gautt furent seuls condamnés à mort comme traitres; et la sentence, dont on avoit ajourné l'exécution, jusqu'à ce qu'on eût reçu à ce sujet les ordres ultérieurs du duc de Mayenne, fut exécutée le 29 octobre de la même année 1594. Jacques Laverne et le capitaine Gautt eurent la tête tranchée sur la place *du Morimont,* entre quatre et cinq heures après midi. Levisey avoit été condamné à tenir prison jusqu'à la fin de ses jours : il n'y resta que jusqu'au 18 ou 19 décembre suivant. Barthélemy Gagne, chanoine de la sainte chapelle, et échevin, fut pendu en effigie avec ses habits ecclésiastiques. On suspendit aussi à la potence un tableau portant les noms des autres principaux conjurés royalistes, Pierre Fournier, échevin, Denis Garnier, procureur, et Etienne Boulée; *ce qui étoit,* disoit-on alors, *un grand avantage pour leurs personnes.* Ces noms sont rapportés dans le *Journal* du chanoine Pepin, dont il faut un peu se méfier, par la raison que j'ai déja dite : mais ici il est exact. Il ne se trompe qu'en désignant sous le nom de *Pierre*, l'ancien maire, qui s'appeloit certainement *Jacques Laverne*.

Cette catastrophe inspira une secrète joie à tous les Dijonnois des deux partis, que l'ancien maire avoit indisposés pendant les cinq années de sa magistrature. On y reconnut avec plaisir le démenti formel des légendes fastueuses qu'il avoit prises sur ses jetons de 1591 et 1592 : *probus, illœsus et inexpugnabilis : vis nescia vinci;* etc. Ces particularités ne pouvoient échapper à ses nombreux ennemis. On voit dans un ancien Mémoire anonyme manuscrit, qu'après l'exécution de ce maire, *sa tête fut portée par toutes les rues de Dijon pour servir de spectacle au peuple.* Ce fait, qui a été répété depuis, ne paroît point exact. L'auteur du Mémoire où il se trouve, annonce dans tout le cours de sa narration, une haine contre le maire Laverne, que beaucoup de motifs sans doute pouvoient faire paroître excusable; mais en même temps une partialité qui rend très-suspect le témoignage de l'historien dont les écrits se ressentent de l'influence de cette haine, quelque légitime qu'elle ait pu être. Les *Mémoires* du conseiller Gabriel *Brennot*, qui sont très-détaillés, et dont on estime l'exactitude, disent que *sur les huit heures, les parens firent demander le corps à M. le maire Fleutelot, qui les accorda* avec des paroles de consolation. Il dit aux parens du Sieur Laverne, *qu'il étoit bien marri de ce qui étoit arrivé : qu'il avoit été bon ami à M. l'Enquêteur son père (1), et qu'il n'avoit tenu à lui qu'ils ne fussent bons amis.* Brennot ajoute que *le corps de l'antique,* c'est-à-dire de l'ancien maire, *fut apporté sur une civière à bras au cimetière Saint-Médard, et sa tête apportée à la main par un boucher du bourg : que là il fut enseveli et mis en un cercueil sur les dix à onze heures de nuit, et que tous ceux du mépart de Saint-Michel le vinrent prendre et le conduisirent à l'église sans chanter, etc.* Ce récit n'annonce rien de semblable au désordre annoncé dans le Mémoire anonyme où l'on prétend que la tête de l'ancien maire fut promenée en triomphe dans les rues de la ville. Si le peuple se fût porté à cet excès, M. Brennot, qui raconte des particularités bien moins remarquables que celles-là, n'eût pas manqué d'en faire mention dans son intéressant ouvrage : *voilà,* dit-il naïvement, *l'histoire la plus admirable qui se soit vue de ces troubles en cette ville.*

Au surplus, quoique les inhumations eussent

(1) Didier Laverne, enquêteur au bailliage de Dijon.

été faites avec beaucoup de simplicité, comme on vient de le voir, le conseil de la ville jugea à propos, par sa délibération du 3 novembre, c'est-à-dire cinq jours après l'exécution, de défendre qu'il fût fait aucunes funérailles pour les Sieurs Laverne et Gautt: puis il fut encore ordonné que les armoiries du premier seroient effacées partout où elles pourroient se trouver, notamment sur quelques pièces d'artillerie, et sur d'autres ouvrages faits aux frais de la ville, sans doute pendant la magistrature de Jacques Laverne. Il est probable que cette délibération n'eut pas un effet général, ou qu'on ne crut pas devoir enlever l'écusson des Laverne, des monumens autres que ceux qui avoient été érigés par les ordres même de l'ancien maire: car ces armoiries ont continué d'exister dans la chapelle de l'église Saint-Michel, et sur le bouclier rond qui étoit au bras d'une statue colossale de cet archange, placée jadis au devant de la principale porte de la même église.

Jacques Laverne avoit été condamné à des amendes très-fortes : 6000 *écus envers la ville;* 1000 *écus au collège des Godrans;* 2000 *aux trois mendiants et pauvres du Saint-Esprit, sans préjudice des dommages et intérêts dus à la fille de M. Chantepinot.* Ainsi les amendes seules s'élevoient à environ

54,000 fr. de notre monnoie, suivant la valeur actuelle. Mais le duc de Mayenne, peu de temps avant la capitulation du château de Dijon, qui fut la fin de sa puissance dans cette ville, remit à la veuve et aux enfans de cet infortuné magistrat, toutes ces amendes et la disposition de leurs biens, moyennant la somme de mille écus (6000 fr. actuels).

Chrétien Laverne avoit donné, immédiate-ment après l'exécution du 29 octobre 1594, sa démission des charges de conseil de la ville et de capitaine de la paroisse Saint-Michel. Lorsque le parlement de Dijon fut réuni sous l'obéissance du roi Henri IV, la famille obtint, le 12 août 1595, l'enregistrement des lettres d'abolition qui lui avoient été accordées, dès le 20 novembre de l'année précédente, par le Roi dont l'autorité devoit bientôt faire cesser les troubles qui avoient si longtemps tourmenté la ville de Dijon et toute la France. Ces lettres sont transcrites à la fin du cent trente-sixième régistre des dé-libérations du conseil de la ville.

La même famille ne se contenta pas de cette réparation. Il est vraisemblable que Chré-tien Laverne survécut peu d'années à son père. Ses frères et sœur, Bénigne, Didier et Gasparde sollicitèrent et obtinrent, au mois d'octobre 1617, de nouvelles lettres de no-blesse, fondées sur les services de Jacques leur père, et qui furent enregistrées au parlement le 30 janvier 1621. Un Gaspard Laverne fut maire d'Auxonne en 1612, et fit frapper à ce sujet un jeton armorié comme ceux de l'ancien maire de Dijon, avec la devise : *probus, illæsus, inexpugnabilis.*

Enfin il paroît qu'une branche de la famille Laverne a continué d'exister à Dijon, d'une manière honorable. On y voit constamment jusqu'au milieu du dix-septième siécle, des Didier, ou Bénigne Laverne; ce sont les prénoms le plus ordinairement employés par cette famille. Le dernier dont nos recueils fassent mention, est Jean Laverne seigneur d'Athée et de Véronne, capitaine au régiment de Favanne, dont l'épouse, Henriette de Fromagère, mourut en 1661.

Tel fut le sort de l'une des familles les plus distinguées de la ville de Dijon. Suffisamment partagés des dons de la fortune, et jouissant des faveurs politiques que le gouvernement d'alors n'avoit coutume d'accorder qu'aux personnes considérables qui lui étoient attachées, les Laverne pouvoient espérer que leurs descendans parcoureroient avec un avantage toujours croissant la carrière des honneurs soutenus de la richesse. Mais l'ambition mal entendue de Jacques Laverne, les circonstances difficiles dans lesquelles il eut le malheur de se trouver, et la suite fatale

d'une démarche violente et tout-à-fait in-
considérée, suffirent pour paralyser d'un
seul coup les espérances de sa maison, en
fermant devant elle toutes les avenues qui
lui étoient ouvertes pour arriver à une il-
lustration dont elle avoit eu précédemment
le droit de se flatter.